www.tredition.de

AF196491

martina kern

corona
angst

... wie panikmache
regression auslöst

www.tredition.de

© 2020 Martina Kern

Verlag und Druck: tredition GmbH, Halenreie 40-44, 22359 Hamburg

ISBN
Paperback: 978-3-347-14274-9
Hardcover: 978-3-347-14275-6
e-Book: 978-3-347-14276-3

Das Werk, einschließlich seiner Teile, ist urheberrechtlich geschützt. Jede Verwertung ist ohne Zustimmung des Verlages und des Autors unzulässig. Dies gilt insbesondere für die elektronische oder sonstige Vervielfältigung, Übersetzung, Verbreitung und öffentliche Zugänglichmachung.

inhalt

Corona hat derzeit die Welt fest im Griff. Das Virus hat viele scheinbar erwachsene Menschen in ängstliche Kinder verwandelt, die kopflos im Bällebad um die bunten Kugeln kämpfen. Ziemlich wahrscheinlich ist allerdings, dass nicht das Virus an sich der Auslöser dieses Chaos ist; vielmehr versetzt seine achtlos ins Volk geworfene Zusatzbezeichnung „Killer" den ahnungslosen Laien in Panik. Nur mit Abstand zur Sache kann es dir gelingen, dich dem dadurch ausgelösten Hype zu entziehen. Schon allein die Tatsache, dass das Kind mehrere Namen trägt, ist ein Hinweis auf die Verwirrung derjenigen, die es besser wissen müssten. Weil der klare Kopf Einfachheit braucht, beschränkt sich dieses Buch auf die Bezeichnung Corona.

Um aus diesem Horror-Szenario aufwachen zu können, musst du die Perspektive wechseln und diesen „falschen Film" von außen betrachten. Solange du mitspielst und die Sache nicht hinterfragst, bleibt sie undurchschaubar und du hast keine Chance dich aus dem Chaos zu befreien. Wenn du alles was man dir sagt unreflektiert für „bare Münze" nimmst, musst du dich den Regeln derjenigen beugen, die genauso wenig in die Zukunft schauen können wie du. Das Virus ist teilweise unbekannt und solange es nicht bis ins letzte Detail untersucht und beobachtet wurde, weiß niemand *wirklich* mehr als du. Und da die Viren bekanntlich mutieren, fängt alles immer wieder von vorne an. Wissenschaft schafft Wissen; sie arbeitet retrospektiv und nicht im Vorhinein.

Die halbherzigen Versuche, die einschränkenden Corona-Maßnahmen als etwas Positives darzustellen, indem man sie als Chance verkauft, gingen allesamt nach hinten los. Das zur Reflektion motivierte Social Distancing geriet zur Farce, weil von der physischen Begegnung flugs auf die Social-Media-Plattform gewechselt wurde. Von stiller Einkehr keine Spur. Doch ohne Distanz zum Problem keine Lösung und damit keine Heilung, weil ohne Abstand kein Erkennen der Wahrheit möglich ist.

Insofern zeigt der Inhalt des Buches das auf, was für dich offensichtlich geworden wäre, hättest du die Corona-Chance wirklich genutzt. Nicht nur um den Hype an sich zu durchschauen, sondern um dich selbst zu erkennen.

Der Spuk löst sich auf, wenn Wahrheit durchscheint.

Dieses Buch beschreibt eine vernunftbasierte Einsicht und ist keine Anklage an Politik, involvierte Institute, Repräsentanten und Entscheider.

Sich möglicherweise wiederholende Aussagen wollen lediglich deine Augen öffnen, damit du das Smaland (wieder) verlassen und angstfrei dem Leben begegnen kannst, das nur allein von dir verantwortet wird.

alarmismus + angst

Angst wohnt dem Menschen inne. Ein Mechanismus, der vermutlich auf das tiefe Empfinden von Trennung zurückzuführen ist und das Gefühl von Unvollständigkeit hervorruft, lässt den Menschen sein Leben lang nach Vollständigkeit streben. Die psychische Angst, nicht genug zu haben oder zu sein, treibt ihn unaufhörlich an. Es ist eine diffuse Angst, die permanent unbewusst als Unzufriedenheit existiert und oft nur durch eine Krise ins Bewusstsein gelangt.

Je unbewusster du durch dein Leben gehst, desto mehr bist du durch diesen Mechanismus in dir gefangen. Je unvollkommener du dich fühlst, desto empfindlicher reagierst du auf Dinge, Situationen oder Menschen, die dich zu bedrohen scheinen bzw. das Äußere wird schnell als Bedrohung empfunden, wie harmlos es auch tatsächlich sein mag.

Um psychisch angstfrei durchs Leben gehen zu können, musst du Bewusstheit über dich selbst besitzen. Solange du dich nicht durchschaut hast, bleibt ein Gefühl von unklarem Unbehagen, das latente Unsicherheit hervorruft. Deine unreflektierten Schatten wirken aus deinem Unterbewusstsein durch unangenehmes Rumoren. Sobald du authentisch bist, also in dir kongruent, weil du dich selbst gesehen und deine Unvollkommenheit als Mensch akzeptiert hast, kannst du psychisch vollständig frei von Angst sein. Du weißt dann, dass Unvollkommenheit nicht gleichbedeutend ist mit Unvollständigkeit.

Realangst hingegen ist ein überwiegend somatischer Ablauf, der in Kraft tritt, wenn du einer tatsächlichen äußeren Bedrohung ausgesetzt wirst. Dein Sympathikus fährt automatisch alle körperlichen Mechanismen hoch, die dich kampfbereit machen oder dich zur Flucht mobilisieren. Realangst ist ein notwendiger Schutz bei Gefahr und kann dein Lebensretter sein. Dein Geist wird aktiviert und dein Gehirn optimal durchblutet, damit du schnell reagieren kannst.

Alarmismus entsteht durch die Dramatisierung äußerer Bedrohungen, durch drastische Darstellungen durchaus realistischer Sachverhalte, die jedoch so eindringlich negative Aspekte betonen, dass sie ideell katastrophische Ausmaße annehmen können. Hintergründe einer solchen Panikmache haben letzten Endes allesamt etwas mit Macht(-ausübung) zu tun. Wenn du das durchsetzen möchtest, was du willst, musst du nur den anderen so sehr in Angst und Panik versetzen, dass er überhaupt nicht mehr auf den Gedanken kommt, die Sache zu hinterfragen. Panikmache macht mundtot. Die Corona-Maske spiegelt dir den Maulkorb, den du dabei trägst.

Bei Panik ist der Körper in höchster Alteration und zeigt überschießende Reaktionen. Das Bewusstsein trübt sich und dein Geist wirkt verwirrt. Rationale Entscheidungen sind nicht mehr möglich. Du rennst dann kopflos der Masse hinterher, die wie eine aufgescheuchte Herde von Schafen hysterisch nach einem Ausweg sucht.

denken + konditionierung

Alles was nicht grundsätzlich auf der menschlichen Körperebene determiniert ist wird erlernt. So auch dein Umgang mit Angst. Deine frühkindliche Prägung geschieht durch das Denken deiner Eltern. Deshalb ist das was du heute denkst das Ergebnis deiner Konditionierung. Im Laufe deines Lebens kommen die Gedanken all der Menschen hinzu, die dir über den Weg laufen. Das bezieht auch sämtliche Kontakte, die in gewisser Weise indirekt auf dich einwirken, wie z.B. Medienberichte oder Bücher mit ein. Auf dein Denken folgen dein Verhalten und Handeln ebenso wie deine Emotionen. Ob du dich also von einer Panikmache beeinflussen lässt oder nicht liegt an deiner Konditionierung.

Denken ist grundsätzlich die Basis für alles was in deinem Bewusstsein passiert und wie du denkst bestimmt deine Konditionierung. So ist dein Angstverhalten zurückzuführen auf das Angstverhalten deiner Elternteile. Was auch immer sie tun und auf welche Art auch immer das geschieht, ist für dich zuerst einmal Normalität, weil du als Kleinkind nichts anderes kennst als das was deine Eltern dir vorleben. Dein natürlicher Reflex ist die Nachahmung, das Lernen am Modell. Erst ab dem Moment, ab dem du zur Reflexion fähig wirst, kannst du das Gelernte hinterfragen und dein eigenes Handeln durchleuchten. Ob du das jemals tun wirst oder ob du weiter kindlich unbewusst durchs Leben gehst, hängt allein von dir ab.

Die gute Nachricht ist also, dass du dein Angstverhalten ändern kannst, wenn du das willst. So wie du gelernt hast panisch auf manche Situationen zu reagieren, so kannst du lernen entspannter zu bleiben. Da sich weltweit immer mehr Angststörungen entwickeln, bieten Therapien verschiedener Richtungen Unterstützung an. Allerdings wird letzten Endes jede Umprogrammierung scheitern, wenn du nicht auf die Suche nach der tiefsitzenden Ursache deines Angstverhaltens gehst. Dabei mag was auch immer du erlebt hast vielleicht tragisch sein; doch entscheidender als die Erinnerungen daran sind die Gedanken, die du dir heute darüber machst. Ein schreckliches Erlebnis alleine ist nicht die Ursache erhöhter Vulnerabilität. Vielmehr ist es das Gefühl, einer Sache nicht gewachsen zu sein, es nicht zu schaffen, es nicht zu wissen, es nicht zu können, also die Überzeugung, unfähig, ohnmächtig und hilflos zu sein.

Im allerletzten Schritt triffst du auf der Suche nach der tiefsten Ursache deiner Angst auf den Tod, denn jegliche Angst bedroht letzten Endes die Existenz deines ICH. Doch weil der Mensch gewöhnlich an der Oberfläche seiner Gedanken bleibt, wird das meist nicht erkannt bzw. zugegeben.

Die Chance, raus aus der Angst zu kommen, kann nicht aktiviert werden, wenn du die engstirnige Welt deiner Konditionierung nicht verlassen willst. Nach Wahrheit zu suchen kann mühsam sein, aber nur sie kann dich von deiner Angst befreien. Wenn du schlussendlich anerkennen kannst, dass du letzten Endes dein Leben nicht in der Hand hast, wirst du deine Todesangst überwinden. Ob du sterben wirst, liegt nicht in erster Linie in der Hand deines Arztes, an Medikamenten, an einer verordneten Isolation, die dich vom Rest der (bösen) Welt trennen bzw. vor einer Bedrohung schützen soll oder an sonstigen Maßnahmen, sondern vielmehr an deiner geistigen Gesundheit, einer bewussten Lebenseinstellung und deiner Vernunft.

Anzuerkennen, dass dein Leben endlich ist, macht dich frei. Ein geerdeter fatalistischer Blick kann erlösend wirken, wenn du dabei nicht vor deiner Selbstverantwortung flüchtest. Du lebst hier in dieser Welt nach den Gesetzen der Natur und du tust das Beste, wenn du dich nach ihnen richtest, weil sie auf eine gesunde Homöostase ausgerichtet sind. Und weil du nicht von der Natur zu trennen bist, ist auch dein Körper auf Gesundheit programmiert. Du besitzt Selbstheilungskräfte, die dich gesund machen können, wenn du deinen Körper nicht durch zuviel äußere Maßnahmen manipuliert hast. Das ist kein Aufruf gegen die (moderne) Medizin, sondern lediglich ein Verweis auf einen vernünftigen Umgang mit ihr. Medikamente im akuten Fall eingesetzt können manchmal dein Leben retten, sie permanent zu missbrauchen kann dich töten. Dass das körperliche System im

Laufe seines Lebens schwächer wird ist der natürliche Verlauf. Es ist wie das Welken der Natur, die du bist. Dieser Prozess kann nicht gestoppt werden. Es ist der Kreislauf der Erde.

unbewusstheit + regression

In Todesangst tust du alles was man dir sagt, weil du raus willst aus deiner Hilflosigkeit, deiner Unsicherheit und Machtlosigkeit. Du klammerst dich dabei an Lösungen, die nicht erprobt sein müssen, einfach nur aus dem panischen Wunsch heraus, überleben zu wollen. Dabei läufst du Gefahr, wie ein Lemming der Masse hinterherzulaufen, ohne nach Richtigkeit oder Sinn zu fragen. Was passiert da mit deinem Verstand? Wieso lässt du dich reglementieren, einsperren, für dumm verkaufen? Kann wirklich irgendjemand besser wissen, was gut für dich ist, als du selbst?

Angst kann dich entweder ruckzuck zum Kind regredieren oder dich in die Selbstverantwortung hinein reifen lassen. Wenn Angst dich kopflos macht und der erwachsenen Ebene enthebt, bedeutet das Regression; es ist das Unvermögen, dich auch in belastenden Zeiten reflektiert mit dem Leben auseinandersetzen und vernünftige Entscheidungen treffen zu können.

Corona hat die Menschen gespalten. Hysterie hat sich unter den Lemmingen breit gemacht und jene, die einen vernünftigen Datenabgleich machen, werden als Verschwörungstheoretiker an die Wand gestellt. Der schnellste Weg, Widersacher auszuräumen, ist immer noch der, sie lächerlich zu machen. Verschwörungstheorien hat es immer schon gegeben. Aber selbstverantwortliche, erwachsene und bislang auch gesellschaftlich hoch angesehene Menschen in diese Ecke abzuschieben, nur weil sie eine andere Meinung vertreten als die der Masse, ist totalitär, intolerant und mitnichten demokratisch. Wer hat da Angst vor der Wahrheit?

Ignoranz macht nicht nur blind, sondern kann deinen Lebensraum enorm begrenzen. Sie ist gefährlich. Alles was du nicht sehen willst wird automatisch von dir abgelehnt. So entstehen Rechthaberei und Selbstüberschätzung, der Nährboden jedweden Trennungsgedankens, der nicht nur für Rassenverfolgungen und Kriege verantwortlich ist, sondern für die Entstehung von Angst schlechthin. Du musst nicht gut finden, was andere tun, aber du musst akzeptieren, dass sie einen anderen Weg einschlagen und andere Ideale verfolgen. Es ist ihr gutes Recht, genauso wie deines. Überhaupt kann nur Wertefreiheit die einzige Basis für ein echtes Miteinander sein. Das was heute in den Social-Media-Kanälen passiert, ist das absolute Gegenteil davon.

social selbstdarsteller

Wie bereits angesprochen, wird dank Instagram, Twitter & Co. die Chance auf eine „Innere Einkehr" vertan. Das Wachstumspotential, das Corona geboten hätte, bleibt vollkommen unbeachtet. Anstatt sich in der Kraft der Stille selbstverantwortlich mit sich selbst und der Bedeutung der Sache auseinanderzusetzen, wird das Netz zur heißen Plattform. Jeder, der nicht gefragt wird, tut seine Meinung kund und gerade die, die nichts wirklich wissen und sich selbst nicht an die Regeln halten, kehren vor der Tür der anderen. Dabei handelt es sich an vorderster Front weniger um Hinz und Kunz, als um sogenannte Prominente, die sich über das vermeintliche Unverhalten anderer mokieren.

Natürlich sind die, die am lautesten rufen genau diejenigen, die sich nachweislich durch eigenes Fehlverhalten infiziert haben. Selbst den größten Schreihals unter ihnen konnte ein „Rückstoss" nicht auf sich selbst verweisen, weil er den Schuss offenbar nicht gehört hat. „Bevor du andere anklagst, schau dir lieber dein eigenes Handeln an", sei hier als leicht verständlicher wake-up-call in den Raum gerufen. Dass die Welt ein Spiegel ist, haben diese Leute offensichtlich noch nicht begriffen.

Doch es geht wie immer um den eigenen Nutzen. Die prominenten User erfreuen sich am Wachstum ihrer Zuhörerschaft durch kindische Likes. In aller Munde zu sein, erhöht ihren Marktwert und macht sie scheinbar zum begehrten Objekt. Dabei ist es sekundär, worum es sich eigentlich handelt. Der von allen Trittbrettfahrern ins Netz geworfene Rat „stay home" oder „stay safe", soll wirkungsvoll mit Herzchen und Emojis versehen Anteilnahme und Solidarität vermitteln. Man zeigt sich vordergründig als Einheit, weil man so zu den Mächtigen gehört. Bloß nicht auf der falschen Seite sein, denn das könnte das Ende der Karriere bedeuten. Auch dafür gibt es Beispiele. Die wenigen Promis, die sich selbst treu bleiben, sind bereits als Spinner abgetan. Möglicherweise haben sie für immer ihren Status verloren; aber vielleicht wollen sie ihn nach Abflauen des Hypes auch gar nicht mehr zurück.

Mutig die eigene Wahrheit zu vertreten kann ganz miese Auswirkungen auf dein Leben haben. Die Toleranz der Demokratie und das Verständnis vernünftiger Menschen scheinen sich in Luft aufzulösen. Wenn dir nicht gefällt, was der andere sagt, kannst du dich abwenden. Das geschieht tagtäglich und gehört zum Leben. Aber es liegt nicht an dir, dich zum Richter aufzuspielen, wie krude die Meinung des anderen für dich auch immer sein mag. Es ist sein gutes Recht, sie zu äußern, so wie du standhaft deine Meinung vertrittst.

Die geheuchelte Anteilnahme und Solidarität werden mit dem weiteren Lockern der Einschränkungen schnell wieder verschwinden. Du wirst dann nichts mehr von dieser demonstrierten Gemeinschaft finden, weil jeder wieder nur an sich denkt. Wieder? Nein, natürlich haben alle die ganze Zeit nur an sich gedacht, an das Überleben des ICH. Und dagegen ist nichts einzuwenden, weil jeder Mensch natürlicherweise egozentrisch handelt. Du trägst die Maske nicht wirklich für den anderen, weil er dir gar so wichtig ist, sondern für dich, damit er Selbiges tut und damit dich vor ihm schützt.

Wenn du keine Angst vor Corona hast, weil du nach Faktencheck zur Auffassung gelangst, dass eine Infektion dich eher nicht umhauen kann, weil dein Immunsystem gut funktioniert, wirst du dich nicht über die Maskenverweigerer aufregen. Hingegen ruft Angst zu Ignoranz und Intoleranz auf; Verhaltensmerkmale die ganz sicher nicht solidarisch sind.

spaltung + abwertung

Social Media Plattformen machen die Spaltung des Volkes durch Corona öffentlich. Die Entwicklung hat durchaus ihre gute Seite, zeigt sie doch auf, dass ein neues Bewusstsein der Masse nicht mehr automatisch Recht gibt. Kaum jemals zuvor trugen die Menschen ihre Kontroversen so offensiv aus wie derzeit. Obwohl sie äußerlich eine solidarische Einheit präsentieren wollen, schlummern im Untergrund trennende Aspekte, die sich immer mal wieder in hitzigen Angriffen entladen. Bewusstsein und Unterbewusstsein wirken also auch auf der Ebene intelligenter Informationstechnik. Weil in der Anonymität auch der Feige seine Meinung kundtun kann, verstärken sich Intoleranzen durch abwertende Kommentare.

Verschiedene Psychogramme, hier beispielhaft typisiert, vernetzen sich. Ob schlussendlich „Gut oder Böse" diesen virtuellen Austausch dominieren wird, liegt mit in deiner Hand.

Angsthasen + Jasager

Die Autoritätshörigkeit der Menschen zeigt sich gerade in herausfordernden Zeiten, in denen eine gute Selbsteinschätzung und Mut gefragt sind. Angstmenschen sind von sich selbst getrennt und glauben nicht an eigene Ressourcen. Sie wissen nicht, dass sie eine andere Meinung als der Rest der Welt haben dürfen. Sie leben völlig unbewusst und passen sich der Masse an. Dabei folgen sie genau den Anordnungen der Autoritäten. Sie hinterfragen weder deren Kompetenz noch die Sinnhaftigkeit der Anweisung. Diese Menschen sind sich selbst gegenüber verantwortungslos und von daher höchst manipulierbar, was sie Sekten-offen macht. Sie suchen außerhalb ihrer selbst nach Sicherheit und ihre Reaktion auf Unsicherheit ist nicht selten hysterisch. Sie fühlen sich am wohlsten, wenn man ihnen sagt was sie zu tun haben. Ihre innere Heimat ist die Kindheit. Dass ihre Unterwürfigkeit sie zum Spielball der Machthaber macht nehmen sie in Kauf; Hauptsache nicht selbst bzw. alleine entscheiden müssen.

Egalos + Ignoranten

Ähnlich wie die Jasager empfinden die Ignoranten eigenständiges Denken als anstrengend. Ihr fehlender Antrieb zeigt sich in Bequemlichkeit und Oberflächlichkeit. Sie nehmen was kommt und folgen der Masse, weil sie Schwierigkeiten und Kontroversen scheuen. Ihre Egal-Einstellung wirkt auf unbewusster Ebene und kann sich in einer krassen Verantwortungslosigkeit der Welt gegenüber zeigen. Der Ignorant zeigt keinerlei Interesse, weder an seinem Lebensraum noch für sein eigenes Innenleben. Angst ist eher nicht seine Blockade, sondern Trägheit.

Mitläufer + Trittbrettfahrer

Menschen, die sich quasi unter dem Radar durchmogeln, fallen durch ihre scheinbare Passivität und ihr gutes Anpassungsvermögen nicht auf. Mitläufer profitieren gerne an einer Sache und steigen mit auf ein Pferd, das ein anderer gesattelt hat. Trittbrettfahrer erkennen schnell ihren Vorteil in sämtlichen Situationen. Dabei wird nicht zwischen positiv oder negativ unterschieden. Leid und

Freud bilden gleichermaßen eine Basis, auf der aufgebaut werden kann.

Dass in Corona-Zeiten die schwer gebeutelten Kleinunternehmer nach Auswegen suchen und beispielsweise am Nähen von Masken ein paar Märker verdienen, ist nicht nur intelligent, sondern selbstverantwortlich. Auch das temporäre Ausrichten der Gastronomie auf to-go-Services dient ihrem Überleben. Alles ist besser, als sich der Depression zu überlassen und aufzugeben. Die winzigen Lücken eines Lockdowns zu nutzen, ist nicht nur kreativ, sondern lebensnotwendig. Vor diesen mutigen Leuten sei der Hut gezogen.

Fraglich jedoch ist die Motivation von Wirtschaft, Politik und Medien. Flugs passen sich Handel wie Industrie in ihren Verkaufsaussagen der Katastrophe an. Die Sender reiben sich die Hände über die schnell ausgebuchten Werbezeiten, in denen mit heuchlerischer Solidarität Waren angepriesen werden. Im Gegensatz dazu widersprechen sich politische Statements situativ von Woche zu Woche und verbreiten damit weitere Unsicherheiten. Weil sich keiner mehr aus dem Haus traut, verdienen sich Online-Händler eine goldene Nase an der Angst der Konsumenten. Höchste Auflagen erzielen Printmedien durch sich gegenseitig überbietende Horror-Schlagzeilen, während auf sämtlichen TV-Kanälen Schreckensnachrichten ihre Zuschauer in Bann halten und für sagenhafte Einschaltquoten sorgen. So frisst Gier eine unstete Moral, die sich dreht wie ein Fähnchen im Wind.

Dass sich die Wirtschaft aufgrund des Shutdowns in gewisser Weise verschieben und Alternativen bilden muss, ist eine natürliche Konsequenz. Einen gewissen Nutzen aus der Katastrophe zu ziehen, wenn es dem Überleben dient, ist vernünftig und lösungsorientiert, wenn damit versucht wird, den Schaden am Ganzen möglichst niedrig zu halten. Inwiefern der eine oder andere dabei auf die Angst der Leute setzt und kaltschnäuzig über die Stränge schlägt, muss mit dem eigenen Gewissen abgeklärt werden, sofern vorhanden.

Widerständler, Besserwisser + Wahrheitssucher

Derjenige, der es besser zu wissen meint, befindet sich automatisch im Widerstand und ist wenig anpassungsfähig. In seiner relativen Oberflächlichkeit interessieren ihn Fakten nicht wirklich, weil er so oder so Recht hat. Ein Meinungsaustausch ist meist nicht möglich, weshalb der Unbelehrbare von daher eher in einem überschaubaren sozialen Umfeld lebt.

Im Gegensatz dazu stehen die nach Wahrheit suchenden Widerständler einem Diskurs offen gegenüber. Sie orientieren sich an Fakten und lassen sich belehren, wenn sie erkennen, dass sie auf dem falschen Weg sind. Sehen sie sich nach reiflichem Abwägen der sich widersprechenden Aussagen jedoch in ihrer Ansicht bestätigt, bleiben sie standhaft bei ihrer Sicht der Dinge. Sie stehen für Selbstbestimmung und Selbstverantwortung und reagieren empfindlich auf Entzug der Freiheit. Die Wahrheitssucher sind tolerant, couragiert, nicht korrumpierbar und von daher nicht immer bequem. Sie fühlen sich in einer oberflächlichen Welt nicht wohl, weshalb auch sie eher einer Minderheit angehören, in der sie demokratisch agieren.

Macht-Menschen

Leute, denen es allein um Macht geht, sehen gerade in instabilen Situationen ihre Chance. Durch das bewusste Streuen bestimmter Aussagen wird die Masse in eine gewollte Richtung manipuliert. Ob diese pro oder kontra zum Mainstream ausgerichtet sind, ist nicht unbedingt entscheidend. Es zählt in erster Linie ein möglichst schneller Anstieg der Follower. Angst ist auch hier wieder das bewährte Mittel, mit dem Leute gefügig gemacht werden und selbständiges Denken unterdrückt wird. Macht-Menschen verfügen oft über ein besonderes Charisma, das auf labile Persönlichkeiten höchst anziehend wirken kann. Man findet die Strippenzieher in allen Führungsetagen, unter Selbständigen sowie in Politik, Religion und deren Nischen. Oftmals haben sie materiell und gesellschaftlich alles erreicht, so dass aus ihrem Überdruss nur das Ziel einer immateriellen (totalitären) Machtausweitung verbleiben kann.

Verschwörungstheoretiker + Fanatiker

Oberflächlich betrachtet wirken die Überzeugungen eines Verschwörungstheoretikers abwegig, weil er sich meist von einer Welt bedroht sieht, die ihm unehrlich erscheint. Seine obskuren Aussagen machen der normierten Masse Angst, weshalb sie sich schnell von diesem Spinner abwendet. Dabei kann der ursprüngliche Antrieb dieser derzeit lächerlich mit „Aluhutträger" bezeichneten Leute durchaus die ehrliche Wahrheitssuche sein. Nicht alle diese Menschen sind einfach nur Fanatiker, Opportunisten oder Regierungshasser per se. Wahrscheinlich trennen sich auch hier die Lager in diejenigen, die an den obersten Stellen stehen und denjenigen, die ihnen folgen. Die ersten zeichnet der Hunger nach Macht aus, die anderen vielleicht eine einsame, ängstliche Leere und die verzweifelte Suche nach Zugehörigkeit.

Das Verhalten von Print- und TV-Medien zeigt sich grenzwertig verantwortungslos. Reißerische Berichterstattungen rufen Ängste hervor und verstärken die unsicheren und sich widersprechenden Aussagen von Politikern und Fachinstituten. Was wäre gewesen, wenn keiner von Corona berichtet hätte? Warum hat man dieses Virus nicht genauso behandelt, wie alle anderen an Influenza und Grippewellen beteiligten Viren der letzten Jahrzehnte? Niemand spricht von den zigtausenden Toten in Deutschland, die still und heimlich an der Welle 2017/2018 sterben mussten, weil keiner über sie berichtet hat. Die Medien sind zum „Führer" der Neuzeit geworden. Ihre virtuelle Macht trifft direkt ins Unbewusste. Der kindliche Mensch ist ihr ausgeliefert, weil er ihre Manipulationen nicht erkennt.

Wie auch immer ein Sachverhalt dargestellt werden mag, die echten Täter sind die Medien. Auch wenn die Politik durch ihre Entscheidungsgewalt vordergründig das Zepter in der Hand hält, so ist es doch die mediale Aufmerksamkeit, die einen Politiker ins gute oder schlechte Licht rückt. Das Image ist alles entscheidend. Es ergibt sich aus den Schlagzeilen, die in der Presse erscheinen und aus den Nachrichten, die über die Sender flimmern. Was der Bürger letzten Endes sieht, ist nicht der Mensch hinter seinem Status, sondern ein von den Medien gezeichnetes Bild von ihm, das sich, je nach Belieben, verzerrt.

Dasselbe gilt natürlich auch für alle anderen Machthaber aus der zweiten Reihe. Industrie und Handel entscheiden zwar was dem Volk präsentiert wird, doch schlussendlich kauft der Käufer das, was ihm medial als Bestes verkauft wird.

Doch jetzt bekommt die alte Werbewelt Konkurrenz. Jede einzelne Rezension auf den Online-Portalen der Internet-Händler und jedes Like oder Dislike auf Social Media Kanälen übt Macht aus, und die wie Pilze aus dem Boden schießenden Influenzer verdienen ihren Titel mit Recht. Ihr enormer Einfluss kann verheerende Folgen haben für alles, was diese Gesellschaft neu ins Leben ruft.

moral + realität

Jede Medaille hat ihre Kehrseite; so natürlich auch Corona. Selbst in dieser als katastrophisch bezeichneten Pandemie gab und gibt es natürlich wieder Nutzniesser, die an der Sache nicht nur monetär verdienen. Die vielen Kleinläden, die durch den Lockdown noch nicht völlig platt gemacht wurden, werden von Konzernen gegen ein paar Müde Mark aufgekauft. Der Markt wird massiv durchkämmt, was dem ohnehin gebeutelten Einzelhandel jetzt den Garaus macht, während in der Funkstille die Online-Händler florieren. Einige Innenstädte bleiben tot, was für die Gastronomie zum nächsten Problem werden kann. Kaum, dass sie ihre Lokale unter strengsten Vorschriften wieder öffnen dürfen, gibt es kaum mehr Spontan-Einkehrer. Wie lange sich ein Gastwirt noch halten kann, wird schlussendlich weniger an der Qualität seines Angebotes liegen, als an dem Polster seines Sparkontos. Doch die tatsächlichen Ausmaße der wirtschaftlichen Einbußen werden sich erst noch zeigen. Die massiven Kollateralschäden sind noch nicht überblickbar. Im besten Fall geschieht ein

Wunder und die Wirtschaft stößt sich am Corona-Übel schlussendlich gesund.

„Survival of the fittest" lautet der Darwin'sche Grundsatz. Eine natürliche Evolution findet demnach in dem statt, der sich am besten anpassen kann. Dieses Zitat auf „Stärke" zu reduzieren scheint oberflächlich betrachtet falsch zu sein. Doch du brauchst eine gesunde Konstitution, wenn du dich mit bedrohlichen Herausforderungen auseinandersetzen willst. In der Tierwelt überlebt überwiegend der, der körperlich am stärksten ist. Was die Menschheit anbetrifft, hat oft derjenige eine höhere Überlebenschance, der eine gewisse mentale Stärke aufweisen kann, der also geistig fit ist. Anpassung setzt vernünftiges Denken voraus, das nur auf Selbstverantwortung basieren kann. Deshalb darf die Frage erlaubt sein, ob es tatsächlich evolutionär korrekt ist, sich in Corona-Zeiten an den Schwächsten zu orientieren. Kann tatsächlich auf diese Weise die Art erhalten werden?

Wenn du in die Natur schaust, erscheint das Corona-Verhalten entsprechend widernatürlich. Es gibt keine Lebensform, die sich bei Bedrohung ihrer Art – und als solche wurde uns Corona schließlich verkauft – am schwächsten Glied orientiert. Die alten und kranken Tiere bleiben auf der Strecke, weil sie nicht flüchten oder kämpfen, sich der Situation also nicht (mehr) anpassen können. Das klingt ziemlich drastisch und wenig sozial, rettet aber die Form vor dem Aussterben.

Jetzt kannst du natürlich anführen, dass wir über den Tieren stehen, weil unser Bewusstsein höher, tiefer oder differenzierter ausgebildet ist und dass wir als Krönung der Schöpfung moralisch nicht asozial handeln dürfen. Doch was ist wirklich asozial, die Schwachen zu opfern oder die Starken zu schwächen? Müssen wirklich alle bewussten Menschen, die sich um eine stabile Gesundheit, also um ein gut funktionierendes Immunsystem kümmern tatsächlich zugunsten einer extrem niedrigen Minderheit ihre Existenz aufs Spiel setzen? Niemand möchte alte oder kranke Menschen in den Tod schicken. Aber es gäbe sicher auch die Möglichkeit, genau diese Menschen konzentriert zu umsorgen, um den anderen damit ihren existenziellen Freiraum lassen zu können.

Der Schuss scheint leider nach hinten losgegangen zu sein, denn genau die Menschen, die man vordergründig am meisten schützen wollte, werden am schlimmsten bestraft. Alte Menschen sterben einsam in Heimen und Wohnstätten, weil man sie von ihrer Familie isoliert hat. Und wie viele von den Kranken, die man nicht operierte, obwohl es hätte sein müssen, sind in der Zeit des vergeblichen Wartens gestorben, während die OP-Säle leer standen? Mehr als eine Klinik steht vor dem Kollaps, weil die Krankenhäuser aus Angst vor dem Killer-Virus nicht mehr aufgesucht wurden. Von den depressiv gewordenen Kleinunternehmern, die sich in ihrer Not umgebracht oder eine ernsthafte Angststörung entwickelt haben, gar nicht gesprochen.

Die Angst-getriebene Politik hat für eine Zukunft entschieden, die in den Sternen steht. Nicht im JETZT zu bleiben und sich an der tatsächlichen Realität zu orientieren, hat einen Super-Gau hervorgerufen. Doch auch hieraus schafft es die Regierung ihren Vorteil zu ziehen. Schnell spielt sie sich zum Retter ins Schlittern gekommener Großkonzerne und gebeutelter Kleinexistenzen auf. Mit milliardenschweren Krediten zeigt sie sich als Schutzengel aller existenzbedroht und arbeitslos gewordener Menschen. Finanzielle Löcher werden gönnerhaft gestopft. Doch der Staat ist nicht die Wohlfahrt. Die Hilfe ist schlussendlich keine wirkliche, weil die Darlehen überwiegend zurückbezahlt oder gegen Anteile getauscht werden müssen. So spielt sich der Verursacher deines Ruins nicht nur als dein Retter auf, sondern verdient noch dazu an dir.

Doch damit du schön still bleibst, wird weiter Angst und Schrecken verbreitet. Erneut soll eine rabenschwarze Wolke auf die menschliche Spezies zurollen und sie massenweise dahinraffen. Glaubst du das immer noch nach so vielen Widersprüchen?

Dieses Büchlein stellt nur sehr laienhaft das Ausmaß des Dramas dar. Wenn du bereit bist, kannst du dich in aller Ruhe mit den Aussagen seriöser Experten auseinandersetzen. Besonders hervorzuheben ist hier das Professoren-Ehepaar, das in ihrem Bestseller-Buch die Frage nach einem Fehlalarm stellt oder der mutige Rechtsmediziner, der sich gegen das ursprüngliche Verbot der WHO durchsetzte und erste *mit* Corona Verstorbene obduzierte. Außerdem haben sich mittlerweile Ärzte zusammengeschlossen, um objektive Untersuchungsausschüsse zu bilden. Es steht dir als erwachsenem Menschen nicht nur zu, sondern es ist deine Pflicht dich selbst-verantwortlich mit den tatsächlichen Geschehnissen auseinanderzusetzen.

fake oder wahrheit

Ernsthaft nach Wahrheit zu suchen bedingt, dass du dich von deinen einschränkenden Konzepten verabschiedest, wenigstens für den Zeitraum deiner Untersuchung. Zu suchen bedeutet *wirklich* wissen zu wollen und nicht etwas anderes zu glauben, als du zuvor geglaubt hast. Gewissheit ist das Gegenteil von Glauben und hat nichts mit dem begrenzten Verstand zu tun, sondern mit dem, was das Denken überhaupt möglich macht. Dein Verstand ist deine Konditionierung, und diese wiederum schränkt massiv dein Denken ein. Du musst also deinen Geist öffnen und selbst krudeste Ideen zulassen, wenn du *wirklich* zur Wahrheit vorstoßen willst. Das ist ein kreativer Prozess des Bewusstseins, der bereits seit vielen Jahren hauptsächlich in der Werbebranche als „Brainstorming" bekannt ist. Es gelingt am einfachsten, indem du neutral schaust und nichts bewertest.

Der Aufbruch zu neuen Ufern kann also nur geschehen, wenn da keine Einschränkung mehr ist. Neues kann nur dann in dein Leben treten, wenn du es zulässt. Alles was du ausschließt, wovon du glaubst, dass es nicht geht oder dir unmöglich erscheint, bleibt dir verschlossen. Nur der Gedanke, dass etwas möglich sein kann und sei es noch so obskur, macht deinen Geist frei. Ohne freien Geist bleibt Wahrheit eine Verzerrung ihrer selbst sein.

Wenn du wissen willst was Corona bedeutet, musst du hinter die Kulissen schauen. Kann es tatsächlich sein, dass nur diese eine politisch-wissenschaftliche Meinung, die man dir gefiltert über die öffentlich-rechtlichen Fernsehsender einstanzt, die einzig richtige und jede andere Sicht damit automatisch falsch ist? Hast du dir jemals die Mühe gemacht, bei anderen Informationskanälen nach weiteren Auffassungen zu schauen? Wenn du das getan hättest, dann hättest du bereits festgestellt, dass renommierte, kompetente und absolut geschätzte Wissenschaftler, Virologen, Biologen, Ärzte etc. durchaus andere Ansichten vertreten. Dabei leugnet kein einziger von ihnen das Virus; vielmehr werden Datenpannen aufgedeckt, ins Volk gerufene Fakten relativiert und

Alternativen zum Umgang mit dem Virus vorgeschlagen, die allesamt versuchen, die kollateralen Schäden auf ein Minimum zu beschränken. Das Virus existiert, ist scheinbar hoch infektiös, aber nicht per se tödlich! Die Kirche im Dorf zu lassen ist also nicht unverantwortlich, sondern absolut den Umständen angemessen.

Der offensichtlich positive Aspekt des Internets ist die Transparenz, die es schafft. Sie beweist dir, dass es da keine *wirklichen* Autoritäten gibt, die die Wahrheit für die gesamte Welt gepachtet haben und deren Anweisungen du dich fügen müsstest. Wenn du den hochangesehenen Experten „auf der anderen Seite" die gleiche Chance einräumtest wie den Regierungspropheten und einfach einmal wertfrei ihren Ausführungen zuhören würdest, könntest du die Wahrheit in dir zu fühlen beginnen. Sobald für dich bisher Fremdes und Abgewiesenes auch nur möglich wird, kann deine innere Gewissheit beginnen in Resonanz zu gehen. Wenn keine begrenzenden Gedankenkonzepte mehr da sind, entsteht eine Freiheit im Geist, die dich auf dich selbst zurückwirft und dich von Autoritäten frei macht.

Niemand außer dir kann *deine* Wahrheit fühlen, und niemand kann dir Vorschriften machen, sobald du deine Authentizität zurückgewonnen hast. Das bedeutet nicht, dass du dich dann sogleich im Widerstand mit dem bisherigen Zustand befinden musst, vielmehr beginnst du ihn zu durchschauen. Das ist der Vorgang des Bewusstwerdens, der dich aus deiner Regression heraus in die erwachsene Selbstverantwortung führt. Blinder Gehorsam ist kindlich und macht dich zum Sklaven derer die Macht ausüben wollen.

Um es noch einmal zu betonen: Es geht nicht darum, dir eine andere Meinung verkaufen zu wollen. Du sollst dir nur die *echte* Chance geben, deine eigene Wahrheit zu finden. Dabei kannst du dich zum Beispiel mit der Frage beschäftigen, ob der weltweite Impfplan des Bill Gates wirklich (nur) philanthropische Gründe hat oder ob hier ein höchst erfolgreicher Mensch nach dem Super-Deal seines Lebens Ausschau hält. Welche Motivation könnte eine Person, die monetär alles erreicht hat, überhaupt noch haben? Würde der Titel „Retter der Menschheit" nicht wunderbar zu ihm passen? Und wurden zur Erreichung dieses Ideals nicht bereits Schäden in Kauf genommen (siehe Indien und Afrika)? Haben wir nicht alle schon die Erfahrung gemacht, dass die hehren Ziele der größten Machthaber nicht immer für das gemeine Volk gut sein müssen und dass man ihnen einen gewissen Eigennutz nicht absprechen kann?

Du musst weder Bill Gates noch andere Spieler in diesem Spiel persönlich kennen. Für dich ist nur entscheidend, dass du deine eigene Wahrheit kennen lernst. Dazu darfst du nicht nur eine Seite der Medaille betrachten, sondern musst auch die andere sehen; und was für eine Medaille gilt, gilt auch für alle weiteren, die dir in die Hände fallen.

Schau dir bitte ganz neutral an, was durch den Lockdown geschehen ist und verfolge die Veränderungen und Neuerungen, die auf dem Hintergrund von Corona bereits durchgesetzt wurden oder noch durch neue Gesetze verabschiedet werden. Achte auch auf die Aussagen, die öffentlich über Menschen geäußert werden, die nicht dem

Mainstream angehören. Ausnahmslos alle werden über einen Kamm geschert und in die Ecke der Widerständler gedrängt oder als Aluhutträger lächerlich gemacht, ohne diesen mutigen Menschen auch nur einmal *wirklich* zugehört zu haben. Für dich darf nicht entscheidend sein, was gezielt über die Medien gestreut wird oder was du in diesem Buch liest. Echte Wahrheit kann nicht bewertet werden. Sie ist das was du nicht denkst, sondern in deinem Inneren fühlst. Echte Wahrheit zeigt sich als Gewissheit, die absolut und zweifelsfrei ist, weil sie allein *deine* Wahrheit ist.

virus

Alles was in deinem Leben geschieht, trägt Sinn in sich, der dich herausfordern und zur Entwicklung anregen will. Damit ist nicht eine weitere Anhäufung von Wissen gemeint, sondern ein stückweises Näherkommen zu dir selbst, in deine Wahrheit. Als Mensch bist du Potential und dieses Potential will sich ausweiten; nicht innerhalb des Verstandes, sondern über ihn hinaus. Doch wenn du die Dinge, die das Leben dir bringt, nicht hinterfragst und dem scheinbar Unmöglichen nicht offen begegnest, kannst du diese Schwelle nicht überschreiten.

Ein bewusstes Leben schafft eine Tiefe in dir, die aus allem das Gute für dich zieht. Alles scheinbar Negative neutralisiert sich, wenn du erkennst warum es dir begegnet. Deine Einstellung ist dann neutral, weil in diesem erweiterten Bewusstsein weder ein Negativ noch ein Positiv existiert. Das bedeutet nicht, dass du manche Dinge nicht vorziehen oder andere ablehnen magst. Doch du gibst keine Wertung über sie ab. Wenn du nichts verurteilst, kann es kein Gut oder Schlecht, kein Richtig oder Falsch mehr geben. Dinge oder Menschen dürfen sein wie sie sind, weil du nicht ihr Richter bist. Damit ergibt sich automatisch eine Toleranz, die jedem das Seine lässt. Dein vermeintlich Schlechtes kann für den anderen gut sein und sein vermeintlich Negatives kann für dich Glück bedeuten.

Aus der Buntheit unterschiedlicher Meinungen einen kollektiven Einheitsbrei machen zu wollen, kann nicht vom Leben gewollt sein, sonst wären wir von Anbeginn an alle gleich. So ist es auch nur logisch, dass sich jeder Einzelne seine Lebenssituation nach seinem Gusto bzw. Geisteszustand erschafft. Wie du auf den „Angriff" eines Virus reagierst, liegt an deinem Bewusstsein. Bei einem stabilen Immunsystem kann es scheinbar nicht viel ausrichten und will es vielleicht auch gar nicht. Bei einer Lebenshaltung, die dich schwächt, bist du eher bedroht.

Hast du dich infiziert, tut sich schnell die Frage nach dem „warum ich?" auf. Betrachtest du dieses „Warum" in Bezug auf deine äußeren Lebensbedingungen, wirst du entweder schnell deine Mankos erkennen oder im Selbstmitleid versinken, wenn du nicht selbstverantwortlich bist. Deine Lebensweise möglich zügig zu verändern, damit das Immunsystem stärker wird, wäre wohl die einzig richtige Antwort auf das Virus. Auf geistiger Ebene würdest du damit aus deiner kindlichen Opferrolle heraus in die Verantwortung des Erwachsenen hinein reifen. Ein Dankeschön an das Virus für seinen wake-up-call wäre dann angebracht.

Deine Lebenssituation ist eine Nachaussenkehrung, quasi Widerspiegelung, deines Bewusstseinsinhaltes und damit von dir selbst erschaffen. Du musst also ernsthaft deine Einstellung zum Leben und seine Umstände hinterfragen, wenn du gesund sein und bleiben willst. Vielleicht können dir dabei die hier vorgestellten Charaktere einen ersten Hinweis auf dein Entwicklungspotential geben.

Viren deuten auf eine „Besetzung" hin, die sich nicht nur auf den Körper, sondern mehr noch auf die geistige Ebene bezieht, weil beides nicht voneinander zu trennen ist. Etwas hat dich quasi in der Hand. Du bist nicht frei. Was oder wer könnte das sein? Gibt es (innere) Konflikte in deinem Leben, denen du dich nicht stellst? Existieren längst überholte Anschauungen und alte Gewohnheiten, die du endlich über Bord werfen solltest, damit Neues durchbrechen kann? Unterdrückst du eine gewisse Aggression, die von innen heraus deinen Panzer sprengen könnte, damit sich dein Geist ausweiten kann? Wer oder was erregt dich so, dass du dich angegriffen fühlst und glaubst dich verteidigen zu müssen? Oder ist es anders herum und du bist derjenige, der (unbewusst) sein Umfeld angreift und agiert wie das Virus? Drängst du dich manchmal vielleicht anderen auf, bist angriffslustig oder verschließt dich einer offenen Kommunikation?

Welche Fragen das Virus auch immer bei dir anregen mag, es sind allein *deine* persönlichen Fragen, die dich zu *deiner* Wahrheit führen. Du musst natürlich damit rechnen, dass nicht wenige Aspekte dabei unangenehm sind und bereit sein, dich gerade ihnen ehrlich zu stellen. Rein positive Ant-

worten, die dich im „rechten Licht" dastehen lassen, wären sicherlich weder Wahrheit, noch würden sie dein Potential anregen oder dich gesund
machen. Schaue dir also genau an, wie das Virus
agiert, welche Auswirkungen es hat, welche
Symptome es zeigt und zu welchem Ergebnis es
führen kann, um die Antworten auf dein eigenes
Verhalten übertragen zu können.

überleben

Wenn du überleben willst, musst du dich deiner Angst stellen. Sie reizt dein Entwicklungspotential und das natürlich nicht nur im Falle von Corona. Angst weist dir den Weg in deine geistige Freiheit, wenn du dich auf sie einlässt und nicht vor ihr davonläufst.

Die zur Farce gewordene und medial ausgeschlachtete Corona-Chance liegt nicht in der menschlichen Rückbesinnung, die durch das fehlende social distancing sowieso nie stattgefunden hat, sondern im „Anpacken deiner Hörner". Angst schickt dich in eine Regression und macht dich hilflos wie ein Kind. Die Konfrontation mit ihr hingegen führt dich in deine innere Kraft. Du besinnst dich dabei auf deine Selbstverantwortung und bleibst bei dir.

Du bist immer so stark wie du denkst. Siehst du dich als Opfer und malst dir Schreckensszenarien aus, kannst du nur schwach sein, weil du im versunkenen Selbstmitleid passiv wirst. Wenn du hingegen eine Chance auf den Sieg siehst und dich gedanklich auf das Gewinnen, also Überleben aus-richtest, kommt automatisch Energie in dir hoch, die dich mobilisiert und mutig macht.

Corona und alle anderen Viren, die es gibt und immer geben wird, können dich nicht töten, wenn du dich nicht vor ihnen abschottest und fliehst. Der Shutdown ist ein Vermeidungsverhalten, das langfristig niemals zum nachhaltigen Erfolg führen kann. Kein Mensch, kein Tier oder sonstige Form kann vor dem Leben davonlaufen. Das Leben sitzt am längeren Hebel und es bringt dir das, was es für richtig hält. Du kannst dich vor dem Leben nicht schützen, was auch immer die medizinische Wissenschaft noch *dagegen* erfinden mag.

Evolution bringt immer Opfer mit sich. Das ist der natürliche Verlauf. Der Tod begleitet das Leben und ist nicht von ihm zu trennen. Möglicherweise sind sich die Schweden dessen bewusster; es würde zumindest ihre Entscheidung gegen den Lockdown erklären. Ein Leben ohne Corona-Virus ist eine Illusion.

Es ist schon erstaunlich, dass die Viren immer wieder mutieren, so dass die Impfung vom Vorjahr letztendlich nicht vollständig wirksam sein kann. Warum ist das so? Was hat die Natur hier vorgesehen? Weshalb schickt sie dem Menschen sich ständig wandelnde Viren? Hat das schon jemals ein Mensch hinterfragt? Oberflächlich betrachtet, scheinen solche Viren somatisch keinerlei positiven Effekt auf den Menschen auszuüben. Im Gegenteil. Man hört nur immer wieder, dass sie krank machen. Doch in dieser bipolaren Welt gibt es immer eine zweite Seite, weil alles Positiv und Negativ in sich trägt.

Was ziemlich eindeutig ist, ist dass die Viren eine Herausforderung für den Körper darstellen und weil der Körper nicht ohne Geist funktionieren kann, muss auch die Psyche an der Interaktion beteiligt sein. Ohne Bewusstsein wäre alles nichts. Es gäbe dich nicht, wenn du dir deiner nicht bewusst wärest. Es gäbe eine Form, also den Körper, aber für wen würde er funktionieren? Bewusstsein ist also das was die Form bewohnt. Es ist das was du bist, das Ich-Gefühl, das Entscheidungen trifft.

Und weil Entscheidungen auf Gedanken basieren, hängt von deinem Denken schlussendlich dein Leben ab.

Die Darwin'sche „Anpassung" bezieht sich auf alles, was das Leben dir bringt. Das bedeutet auch, nicht vor dem was dich bedroht davonzulaufen, sondern dich mit ihm auseinanderzusetzen, also mit dem Virus zu interagieren. Denn alles, wogegen du Widerstand übst, ist widernatürlich und kann letzten Endes nur krank machen und deinen Organismus schwächen. Oder um nochmals Darwin zu zitieren: „Alles was gegen die Natur ist, hat auf Dauer keinen Bestand".

Grundsätzlich ist die menschliche Form auf Gesundheit ausgerichtet. Dein Immunsystem ist intakt und kann nur von dir selbst geschwächt werden. Dein Körper verfügt über Selbstheilungskräfte, die du mit bloßem Auge sehen kannst, wenn du dir in den Finger schneidest. Die Wunde verwächst selbständig und verschließt sich, so als wäre nichts geschehen. Ein gesundes Immunsystem ist stark genug, um mit Viren koexistieren zu können; schließlich trägt unser Organismus selbst diverse Viren und Bakterien in sich.

Koexistenz schlechthin ist das Gesetz der Natur. Folglich kann die menschliche Spezies nur überleben, wenn sie MIT dem Virus „geht", ihn beobachtet und nicht sofort widernatürliche Geschütze auffährt. Weiter gedacht bedeutet das, dass jede äußere Einwirkung den natürlichen Verlauf des körperlichen Gesundungsprozesses manipulieren kann. Der Körper wird irritiert, weil er dann nicht nur mit dem Virus klarkommen muss, sondern auch noch mit seinem unnatürlichen Antagonisten.

Weißt du eigentlich, was dieser Impfstoff genau enthält, den du dir Jahr für Jahr vor der erwarteten Grippewelle in deinen Körper injizieren lässt? Hast du jemals nachgefragt, was genau in deinen Venen landet? Bist du darüber informiert, welches Chaos diese Stoffe in deinem Körper anrichten und welche Schäden sie hinterlassen können? Jeder selbstverantwortliche Mensch weiß, dass Medikamente nicht nur Gutes tun. Die Medizin ist ein Segen für akute Beschwerden, aber die Nebenwirkungen in den Beipackzetteln müssen ernst genommen werden. Nur weil du dir dessen bewusst bist und das Pro und Kontra gewissenhaft abwägst, bist du nicht gleich ein fanatischer Impfgegner. Überhaupt nicht krank zu werden ist das Ideal und es ist möglich, wenn du dir dessen bewusst wirst.

Gesundheit beginnt im Kopf. Das was in deinem Geist vorgeht, ist alles entscheidend. Angst ist ergo ein negatives Ergebnis deines Denkvorgangs. Negative Gedanken erschaffen negative Energien, die sich immer gegen dich selbst richten. Dabei ist das was du aussendest auch das was dir geschieht. Die Welt ist ein Spiegel, und so landet schlussendlich alles wieder bei dir. Ob du etwas toll findest oder dich gegen etwas wehrst, trägt dieselbe energetische Kraft in sich. Du ziehst also beides an. Nur wenn du bereit bist zu erkennen, dass du der Schöpfer deiner eigenen Lebenssituation bist, kannst du auf sie einwirken. Und je bewusster du bist, desto verantwortlicher wirst du mit dir selbst umgehen.

Wenn du immer noch glaubst, dass du gegen Corona nichts tun kannst, hast du nichts verstanden. Wer kann dich davon abhalten, alles zu tun, um dein Immunsystem zu stärken? Ihm allein hast du es zu verdanken, wenn du das Ganze überlebst. Warum solltest du nicht alle Mittel zur Stabilisierung einer gesunden Abwehr selbständig und ohne Rücksprache mit einem vermeintlichen Besserwisser für dich wählen dürfen? Es gibt genügend Literatur, die dir einen umfassenden Überblick über hervorragend funktionierende (Natur-)Heilmittel geben kann. Niemand weiß besser was gut für dich ist als dein eigener Körper. Er zeigt dir durch seine ganz individuellen Reaktionen was er zur Erhaltung einer gesunden Homöostase und zur Mobilisierung seiner Selbstheilungskräfte braucht. Du wirst zu deinem eigenen Arzt, wenn du ihm vertraust.

Doch das Entscheidende ist, dass wirklich NIEMAND weiß, was das neue Corona-Virus genau für Absichten hat. Es kann nicht ausreichend beobachtet werden. Hätte dieser eine, nach Wahrheit suchende, mutige Arzt nicht das Verbot der WHO unterwandert und MIT Corona verstorbene Leichen obduziert, würden wir noch immer von falschen Tatsachen ausgehen. Wie kann es angehen, dass die Weltpolizei in Sachen Gesundheit so massive Fehlentscheidungen trifft? Ist Wissenschaft nicht das Sezieren der Dinge, die in der Welt auftauchen per se? Wie will man wirksame Heilmittel finden, wenn man die Augen vor den Tatsachen verschließt? Was soll diese Geheimniskrämerei? War es nicht spätestens dann an der Zeit, die verwirrenden Aussagen der Entscheider ernsthaft und intensiv zu hinterfragen und sich anderen Auffassungen gegenüber neutral zu öffnen? Niemand kann dich zu irgendetwas überreden, wenn du dir dein eigenes Bild gemacht hast.

Doch letzten Endes ist nicht Corona das Problem, sondern die Angst und Panik, mit der man dich gefügig und mundtot machen will. Viren gab es schon immer und wird es immer geben. Der Mensch muss lernen bewusst mit ihnen zu leben. Wenn du das derzeitige Geschehen als körperlichen, aber vor allem auch geistigen Reifungsprozess annehmen kannst, wirst du deine Angst los. Das Erkennen, dass du für dein Wohl selbst zu sorgen hast, macht dich handlungsfähig. Sobald du den ersten Schritt gehst und die Verantwortung für dich selbst übernimmst, anstatt dich Autoritäten auszuliefern, die es nicht wirklich besser wissen als du, bist du auf der Überlebensspur.

Jedes Kind muss seine Angst überwinden, wenn es laufen lernen will. Der erste Schritt geht immer in die Unsicherheit. Kaum etwas macht dem Menschen mehr Angst, als ins Ungewisse zu gehen. Doch was wäre mit dir heute, hättest du damals nicht den ersten Schritt gewagt? Alles was du jemals in deinem Leben gelernt hast begann immer wieder mit diesem ersten Schritt ins Niemandsland. Es gibt keinen anderen Weg, wenn du nicht dein Leben lang an Mamas Hand laufen willst. Spätestens nach der Pubertät ist diese Hand auszuschlagen, damit du dich in ein selbständig funktionierendes Wesen hinein entwickeln kannst. Schaffst du das nicht, wirst du nicht zu den „anpassungsfähigen Überlebenden" gehören. Solange du zu einer Autorität aufschaust, die es vermeintlich besser weiß als du, bist du nicht wirklich erwachsen und könntest im Ausnahmefall scheitern. Wenn es für dich Sinn macht, folgst du dem Rat eines Spezialisten. Wenn dein Körper dir etwas anderes zeigt, bleibst du bei dir. Daran ist nichts schwierig, wenn du bereit bist, die Konsequenzen deiner Entscheidungen selbst zu tragen. Das ist Selbstverantwortung und das ist die Grundlage von „survival of the fittest".

tod + wahres leben

Du bist erst dann *richtig* lebendig, wenn du den Tod in dein Leben integrierst. Der Tod ist die einzige wirkliche Tatsache und indem du ihn in eine ferne Zukunft schickst oder verleugnest, lebst du automatisch eine Illusion. Dein diffuses Wahrnehmen dieser Unwahrheit drückt sich in diesem unangenehmen Gefühl der Angst aus. Es steigert sich analog zur Intensität deiner Selbstlüge. So wird die Angst zum Motor all dessen was du tagtäglich tust. Nichts davon machst du freiwillig. Jede Beschäftigung, jeder Gedanke ist eine Flucht vor dieser Wahrheit.

Den Tod in dein Leben zu integrieren erlöst dich von deiner psychischen Angst; das Unvermeidliche zu akzeptieren macht dich frei. Wie eine innere Explosion setzt das absolute Verstehen, dass du jeden Tag als deinen letzten feiern darfst, dein Potential frei und eine unermessliche Energie beginnt in dir zu pulsieren. Wahrhaftig zu leben heißt im Jetzt des Lebens zu stehen und das zu nehmen was ist. Die Hingabe an das Unvermeidliche macht dir jeden Tag zum Geschenk. Dankbarkeit wird zu deiner Grundeinstellung und sie ist dein Schutz gegen jedes Virus, den diese Welt hervorbringen kann.

> „Lasset den Tod täglich
>
> vor euren Augen sein
>
> und ihr werdet euch nie
>
> mit unterwürfigen
>
> Gedanken tragen,
>
> noch irgend etwas auf
>
> zu eifrige Weise begehren."
>
> Epiktet

Wenn du aus vollem Halse lachen kannst über das was dir wichtig erschienen war und wovor du Angst hattest, ist der Tod zu deinem festen Begleiter geworden. Die Last der menschlichen Mühsal des Wollens und Werdens abgelegt zu haben, bedeutet, psychisch frei zu sein. Wenn der Tod dich morgens wachküsst, beginnt die Quelle der Freude in dir zu sprudeln. Nichts bringt mehr Lebendigkeit hervor, als die bewusste Annahme dieses täglichen Geschenks.

Was würdest du tun, wenn heute dein letzter Tag wäre? Würdest du dir Sorgen um etwas machen, was *heute* nicht ist? Würdest du die frische Brise des Meeres oder die Stille des Waldes in aller Intensität in dich hineinatmen oder dich angstvoll hinter einer Maske verstecken? Gäbe es dann immer noch Autoritäten und Reglements oder würdest du dann endlich begreifen, dass diese nur in deinem Kopf existieren? Wenn du den psychischen Tod in deinem Inneren entstehen lässt, brauchst du keinen äußeren Schutz mehr.

Vollkommenes Leben kann nur *jetzt* stattfinden und es ist frei von allen Einschränkungen, die das angstvolle Morgen dir macht!

D A N K E

Bereits erschienene Taschenbücher
(auch unter INA KERN) siehe nächste Seiten

Zu bestellen bei tredition, tao.de und
überall im Internet-/Buchhandel

www.martina-kern.com

Durch ihre psychologische Arbeit mit vielen
hilfesuchenden Menschen und aus ihrer spirituellen Ein-
sicht wurde es für Ina Kern immer offensichtlicher, dass
das Thema „Selbstwertgefühl" Ursache
vieler Probleme ist und den Menschen
in seiner „Opferrolle" hält.
Sie erkannte, dass ohne Selbstwert-Sein,
sich das Leben leichter und freier gestaltet
und die Konflikte mit dem Umfeld
und sich selbst verschwinden.
Ein paradoxer Ansatz, der umso mehr wirksam ist,
als alles andere, was bisher in Psychotherapien
und Selbsthilfebüchern angeboten wird.

Dieses Buch ist kein weiterer Ratgeber „gegen" die Angst,
sondern stellt deren Aspekte im konstruktiven Sinne dar.
Der Autorin ist es wichtig, dass du erkennst,
dass die Angst dich befreien kann;
aus der Enge deiner Gedanken über dich selbst,
deiner Möglichkeiten und deiner Welt.
Angst kann zu deinem Leitfaden werden und
deinen Lebensraum erweitern:
„Stelle dich deiner Angst. Wenn du durch sie hindurch
gehst, entsteht Freiheit – alles ist möglich!"
Ina Kern stellt die verschiedenen Gesichter der Angst vor,
deren Projektionen und Ursachen und zeigt auf,
wie du dich aus ihr befreien und heilen kannst.

Ina Kern versucht in diesem Buch den Spagat zwischen
rationalem Verstandesdenken und spiritueller Weisheit.
Sie zeigt dir einen Weg heraus aus der Problemwelt
des egozentrischen Paradigma 2 hinein in das
neutrale Paradigma 1 und macht deutlich,
dass du alle Möglichkeiten hast, deine Probleme im Nichts
verschwinden zu lassen, wenn du die
grundsätzliche Ursache aller Probleme erkannt hast.
Das Buch leitet in seinem zweiten Teil auf über 170 Seiten
durch psychologisch-spirituell fundierte Antworten zu
Themen wie Beziehung, Selbstwert, Loslassen, Vergebung,
Sinn, Sein und Erleuchtung aus der Theorie über
in die Praxis eines bewussten Lebens.

*Solange du dein Glück in Bestellungen beim Universum
suchst, hast du dich noch nicht gefunden.
Deinem SoSein fehlt nichts,
es ist wunschlos glücklich.
Doch du spürst es nicht, weil du im Außen suchst.
Jeder einzelne Wunsch ist letztlich „Haben-Wollen"
Und so lange du das nicht wahrhaben willst,
bleibt Abhängigkeit bestehen.
Du musst dir kein Glück wünschen, weil es schon da ist,
du kannst es nur noch nicht erkennen.*

*Ein kleines Buch über Ego, Gier, Abhängigkeit, Wahrheit,
Sehnsucht, SoSein, Selbstverantwortung,
Bewusstsein ... und Glück!*

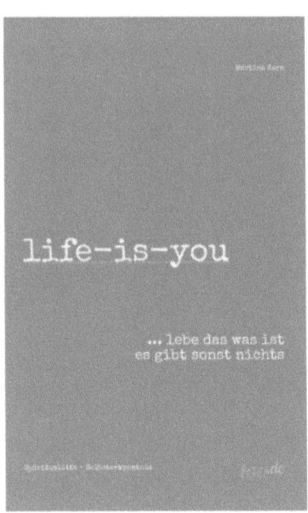

Ein unbewusstes Leben, das sein wahres SoSein
verschleiert, kann nur Leid verursachen.
Wenn du deine Egozentrik überschreiten und ein
befreites Leben leben willst, kannst du durch
Schattenarbeit und Dekonditionierung dein reines So-
Sein wieder zum Vorschein bringen.
Um dich selbst zu erkennen, brauchst du weder in ferne
Länder reisen, noch angestrengt Stille üben. Selbster-
kenntnis geschieht durch BewusstSein.
Basis des bewussten Seins ist Wahrheit.
Sie ist der Schlüssel zu deinem Schloss.
Du erkennst, dass du „Alles im EINEN" bist.

Im zweiten Teil des Büchleins findest du eine wahre
Geschichte vom „Suchen und Finden".

Hast du dich schon einmal gefragt, wie dieser ICH-
Komplex, der deinen Namen trägt, funktioniert? Glaubst
du, dass dieses ICH die absolute Kontrolle hat oder hast
du schon einmal die Erfahrung gemacht, dass etwas
nicht geht oder du etwas getan hast,
obwohl du es eigentlich gar nicht wolltest?
Dieses Buch gibt dir Aufschluss darüber,
dass fast alles was du tust automatisch abläuft und dass
alles was in deinem Leben geschieht aus dir
heraus entsteht – ja, auch das was dir nicht gefällt.
Wenn du die Hinweise, die dieses Buch dir gibt,
tatsächlich und ernsthaft überprüfst und die Wahrheit
die sich daraus ergibt zutiefst verinnerlichst,
geschieht Selbsterkenntnis, die das mit sich bringt,
nach dem du dich zeitlebens gesehnt hast.

martina kern

befreit
leben
jetzt

... das menschliche leid
überwinden

Du glaubst nur dann, dass ein Leben ohne Leid nicht möglich ist, wenn du geistig vom Leben getrennt bist.
Wahres Leben ist bedingungslos und kennt keine Grenzen. Wer dich auf das egozentrische System limitiert, sind deine Konditionierungen, deine Gedanken.
Du bist dieses eine Leben, von dem es kein zweites gibt. Wenn du wissen willst was wirklich wahr ist, musst du dich ihm stellen. Es bringt dir jeden Moment genau das was du brauchst um Wahrheit zu erkennen. Nichts geschieht einfach nur so. Leiden kannst du nur, wenn du nicht weißt wer du bist. Um dich zu erkennen, musst du in den Spiegel schauen, den du in jedem und allem was um dich herum ist findest. Der Selbsterkannte ist ohne Leid, weil er keinen Widerstand mehr kennt und Verantwortung für sich selbst trägt.
Das Buch zeigt dir einen Weg heraus aus einer Welt des Leidens, die du selbst erschaffen hast. Wenn du hinter deine Konditionierung blickst, bist du frei.
Eine persönliche Geschichte im letzten Kapitel beschreibt dies beispielhaft.

FSC
www.fsc.org

MIX

Papier | Fördert
gute Waldnutzung

FSC® C083411

Zeitfracht Medien GmbH
Ferdinand-Jühlke-Straße 7
99095 Erfurt, Deutschland
produktsicherheit@kolibri360.de